우리 시대 현대시조 100인선 101

너와 나 한 생이 또한 이와 같지 않더냐

오세영

태학사

우리 시대 현대시조 100인선　101
너와 나 한 생이 또한 이와 같지 않더냐

초판 인쇄 2006년 6월 20일 • 초판 발행 2006년 6월 30일 • 지은이 오세영 • 펴낸이 지현구 • 펴낸곳 태학사 • 주소 경기도 파주시 교하읍 문발리 파주출판도시 498-8 • 전화 (031) 955-7580(代) • 팩스 (031) 955-0910 • e-mail thaehak4@chol.com • http://www.태학사.com • 등록 제406-2006-00008호

ISBN　89-5966-088-4　04810 • ISBN　89-7626-507-6　(세트)

ⓒ 오세영, 2006
값 6,000원

☞ 저자와의 협의하에 인지를 생략합니다.
☞ 파본은 구입한 곳이나 본사에서 바꾸어 드립니다.

어느 가을날 미국 포트랜드 항구에서 (왼쪽부터 큰딸 하린, 오세영, 작은딸 지혜, 1995)

백담사 만해축전 때 (좌에서 우로 나태주, 김종철, 오세영, 고은, 권영민, 1999)

어느날 시인협회 야유회에서 (왼쪽부터 이근배, 오세영, 신달자, 김종길, 양채영)

금강산에서 개최된 세계평화시인대회의 한 컷 (왼쪽부터 조정권, 오세영, 이건청, 2005)

차례

제 1부

노을	13
학생	14
태풍	15
나비	16
오는 봄	17
기지개	18
바닷가에서	19
벌레 소리	20
이순(耳順)	21
사월(四月)	22
밀회	23
삶	24
사계첩운(四季疊韻)	25
부활	27
적막	28
백두산에 올라	29

제 2부

휴대전화	33
뇌우(雷雨)	34
겨울	35
퇴고(推敲)	36
휘날레	37
소나기	38
강의실에서	39
햄버거에 대한 명상	40
인연	41
영혼의 거처	42
지진	43
번갯불	44
독주(毒酒)	45
캔 맥주	46
시계	47

제 3부

정인(情人)	51
강물 한 짐	52
유성(流星)	53
신념	54
기다림	55
연서	56
하직	57
감응(感應)	58
소식	59
또 하루	60
섭리	61
섬	62
시작 사우(詩作四友)	63
고운 님	65

제 4부

바위	69
성찰(省察)	70
고난	71
청죽(靑竹)	72
자유	73
원융무애(圓融無碍)	74
칡넝쿨	75
고사목(枯死木)	76
분수(分數)	77
우열(優劣)	78
눈으로 가슴으로	79
용서(容恕)	80
결빙(結氷)	81
지천명(知天命)	82
백담사 운(韻)	83
석굴암(石窟庵) 석불(石佛)	84

해설 시조와 환유적 생명고리 · 김용희 　　　85
오세영 연보 　　　97
참고문헌 　　　105

제 1부

노을

은하에 홍수 일어 강물이 범람했나
하늘 한 모서리가 황톳물에 젖어 있다.
견우(牽牛)의 모내기 논도 큰 수해를 입었겠다.

『유심』 2005년 가을

학생

휘엉청 보름달을 처마 끝에 걸어두고
개굴개굴 글을 읽는 무논의 개구리들
옳거니 주경야독(晝耕夜讀)이 정녕 옛말 아니구나.

교정이 떠나갈 듯 낭낭한 그 목소리
세상은 큰 학교요 자연 또한 교실이다.
한 생이 배우는 삶이란 인간뿐이 아닌 듯

『유심』 2005년 가을

태풍

고뿔에 걸린 바다 호흡이 거칠어져
몸살 감기 재채기로 밤새워 앓고 있다.
해안에 몰아친 태풍 몸둘 곳을 모른다.

태양의 흑점 폭발 어느 덧 소멸하고
온화한 대기압에 냉기류도 사라졌다.
조류(潮流)의 들숨 날숨이 평온하기 그지없다.

『시조 월드』 2005년 하반기

나비

하루도 거름 없는 꽃들의 일간 신문
오늘 자 조간에는 무슨 소식 실려 있나.
초여름 몰아쳐 오는 남해안의 강우전선.

쌀쌀한 날씨에도 배달임무 성실쿠나
호외인 듯 팔랑팔랑 나비 떼가 날라든다.
늦가을 예상치 못한 시베리아 눈보라.

『시조문학』 2005년 여름

오는 봄

겨울이 갔다는 말 풍문으로 전해 듣고
홑바지로 나들다가 곳불 걸려 앓던 새벽
고드름 지는 소리에 봄이 온 줄 알겠다.

추위 아직 가지 않고 바람도 쌀쌀하여
봉창문 닫아 건 채 시름겨워 보낸 오후
계곡의 눈 녹는 소리에 봄이 온 줄 알겠다.

『표현』 2005년 여름

기지개

평화롭던 수평선에 먹장구름 몰려온다.
거세게 바람 불고, 성난 파도 뒤집히고
바다도 기지개 펴나. 뒤틀리는 해안선.

겹치는 피곤으로 운신이 힘들 때는
육신이 먼저 알고 사지를 점검한다.
지구도 이와 같아라. 몸을 푸는 저 본능.

『열린시학』 2003년 여름

바닷가에서

썰물 진 백사장에 곱게 찍힌 한글 자모(子母)
푸른 파도만이 종알종알 읽고 있다.
도요새 한 떼를 날려 신(神)이 쓰신 서정시.

밀물 진 바닷물에 떠밀리는 주홍(朱紅) 꽃신
절벽의 선돌하나 망연히 울고 있다.
동백꽃 센 바람에 날려 신이 꾸민 드라마.

『유심』 2004년 가을

벌레 소리

독서의 계절이란 정녕 헛말 아니구나.
화안한 달빛 아래 밤새워 와글와글
오온산 글 읽는 소리에 가을 온 줄 알겠다.

『유심』 2004년 가을

이순(耳順)

안보이던 사물들이 이제는 다 보인다.
잡초에 가려 있던 들꽃의 아름다움
노년에 눈 어둡다는 말 아무래도 헛말이다.

안 들리던 소리들이 이제는 다 들린다.
꽃이 피고 지는 소리, 별이 웃고 우는 소리
노년에 귀 어둡다는 말 아무래도 헛말이다.

『시조시학』 2005년 여름

사월(四月)

바람 자고 포근하니 사지가 노곤하다.
양지바른 절벽에선 스르르 흙 풀리고
낮잠이 아편 독처럼 전신으로 뻗치는 봄.

일감을 앞에 두고 몸이 절로 주저앉았다.
언 땅에서 싹트는 새움도 그러 하리
사월(四月)이 잔인한 달임을 내 이제야 깨닫는다.

『문학나무』 2003년 여름

밀회

메마른 대지 위에 촉촉이 비 내린다.
은실을 흩날리듯 빛가루를 흩뿌리듯
풀밭은 청보석(靑寶石)같이 반짝반짝 웃는다.

꽃들은 꽃들끼리 부끄럽다 소곤소곤
풀잎은 풀잎대로 간지럽다 속살속살
봄비 밀회하는 날은 조용하게 시끄럽다.

『문학나무』 2003년 여름

삶

물빛은 한결 같이 산색을 드리우고
산색 또한 어디가나 물빛으로 더 푸르다.
봄 강물 산을 에도니 굳이 말해 무엇하리.

『시조시학』 2003년 봄

사계첩운(四季疊韻)

춘(春)

꿈결인 듯 어려오는 향기에 문득 깨어
겨우내 닫힌 창을 반 남아 열어보니
이 아침 홍매화 꽃잎이 수줍은 듯 벙글었다.

하(夏)

푸르고 푸르러도 이보다 푸르리오,
청산(靑山)은 사파이어, 녹수(綠水)는 비취로다.
여름은 눈으로 온다. 햇빛 반짝 자수정.

추(秋)

연화등(蓮花燈) 등피 아래 편지를 쓰는 한 밤
불현듯 들려오는 가을의 노크 소리,
붓 놓고 방문을 열자 마루 위의 오동잎.

동(冬)

문갑 위에 홀로 놓인 한란(寒蘭)이 추어뵌다.
떠는 한란 외로두고 내가 옷을 껴 입는다.
문열고 내자(內子) 찾느니 칼 바람이 매섭다.

심(心)

향기로 오는 봄, 색깔로 오는 여름,
소리로 오는 가을, 촉감으로 오는 겨울,
이 모두 부질없어라. 마음으로 오시는 님.

『유심』 2003년 여름

부활

어지러워 어지러워 달빛에 어지러워
산사 나무 그늘 아래 홀로 술을 든 날 밤엔
봄산도 함께 따라와 내 곁에 눕는다.

향긋한 머리냄새, 아련한 그의 체취.
온 밤을 끌어안고 뒤척이다 지샌 아침
창밖에 웃고 있구나, 막 벌어진 산사꽃.

『열린시조』 2002년 봄

적막

천둥벼락 무더위, 검은 구름 걷힌 뒤에
비로소 푸르르고 더 높아진 가을 하늘,
국화꽃 대궁이에도 햇살들이 찰랑인다.

갈 사람 떠나가고 들 사람은 이제 없어
시름없이 홀로 앉아 빈 잔을 잡는 뜻은
맑은 저 가을 하늘을 떠 마시려 함이다.

　　　　　　　　　　　　『열린시조』 2002년 봄

백두산에 올라

전나무 자작나무 화산암 절벽 올라
솜다리 노루귀꽃 하늘대는 능선 우에
한 자락 안개 걷히니 장엄하다. 백두산

입술을 움직여도 말문이 아니 트고
두발을 떼려해도 온 몸이 굳어 있다.
신(神)앞에 섰다고 한들 이보다도 더할까.

굽어보면 하늘이 발밑에 펼쳐지고
우러르면 태양이 손끝에 붙잡힌다.
우주가 품안에 들손 거룩한 내 국토여

천지(天池) 푸른 물에 육신의 때 씻어내고
백두 안개비에 이 마음을 닦아내어
오로지 비는 말씀은 남북한이 하나되오.

『시선』 2004년 가을

제 2부

휴대전화

조찰히 문갑 위에 앉아 있던 휴대전화
갑자기 몸 비틀어 부르르 떨고 있다.
물건도 할 말을 못하면 저렇게도 분한가.

『문학나무』 2004년 여름

뇌우(雷雨)

모락모락 구름 속에 풀무질이 요란하다.
대장간 망치소리 벌겋게 단 시우쇠
찬물에 당금질 끝나자 하늘 고운 무지개.

『유심』 2005년 가을

겨울

찬바람 건듯 불어 온산 낙엽 다 날린다.
적군의 시신인가 널브러진 잎새 잎새
동장군 말발굽아래 떨고 있는 전 국토.

눈보라 몰아치니 온산이 전율한다.
백색의 테러인가 눈사태에 묻힌 마을
잔혹한 이데올로기로 한 세상이 갇힌다.

『불교문예』 2005년 여름

퇴고(推敲)

쟁기로 갈아엎어 이랑마다 뿌린 씨앗
어젯밤 내린 비로 파란 싹이 돋아났다.
원고지 촘촘한 칸을 가득 메꾼 그 문장.

잡초도 뽑아내고 벌레도 잡아내고
한 여름 부산해야 가을에 걷는 수확.
교정지 오자 투성이를 한자 한자 고친다.

『시조문학』 2005년 여름

휘날레

연극이 다 끝나고 무대에 막 내리니
화장 지운 배우 얼굴 본 색이 창백하다.
잎 떨군 가로수들도 가지가 앙상하다.

봄, 여름, 가을, 겨울 누구의 연출인가,
사막극 휘날레는 주인공의 사별이다.
지난 봄 난만히 핀 꽃들 속절없이 저버렸다.

『시현실』 2005년 여름

소나기

초복 지나 중복 들어 무더위가 기승이다.
후끈하게 달아 오른 지구의 거친 숨결
더 이상 참을 수 없다. 나뒹구는 두 알몸.

마침내 일냈구나, 요란한 천둥벼락
먼 산맥 너머에서 들려오는 신음소리,
한바탕 소나기 샤워로 들뜬 열을 가랁힌다.

『시조문학』 2005년 여름

강의실에서

까아만 칠판에 쓴 흰색의 백묵 글씨
흰 바탕 광목천의 검정 글씨 다름 없다.
흑백(黑白)이 저와 같은데 시비(是非)가려 무엇하리.

가득히 쓴 글씨를 지우고 다시 쓴다.
쓰고나면 지우나니 지움 또한 배움이다.
지식은 앎이 아니라 모름에도 있느니.

최후까지 헌신하고 바스라진 백묵 하나
간신히 추스리고 학생들을 바라본다.
어둠에 휩싸인 교실이 초롱초롱 환하다.

『문학나무』 2003년 여름

햄버거에 대한 명상

젓가락도 필요 없다. 숟가락도 필요 없다.
양념 반찬 선택 없다. 시도 때도 구분 없다.
입으로 덥석 물어서 배불러라 햄버거.

살이 쪄야 값나가는 목장의 한우처럼
먹이고 자꾸 먹여 길러낸 비육 인간
오늘은 누굴 잡아서 또 한바탕 잔치할까.

『불교문예』 2005년 여름

인연

찬바람 몰아치는 들판의 저 전봇대
여린 줄 하나 메고 무엇을 기다리나.
오늘도 하늘 우러러 제 자리를 지킨다.

맺힌 줄, 얽매인 줄, 풀린 줄, 끊어진 줄
인간의 한 생이란 맺고 끊는 줄타기다.
목숨을 버려서라도 잡을 줄은 무슨 줄?

『시조시학』 2003 봄

영혼의 거처

거미가 실을 뽑아 허공에 줄을 치듯
볼펜의 잉크 실로 백지에 금 긋나니
시 쓰기 집 짓는 일과 그 무엇이 다르랴.

육신의 안락만을 탐하는 고급주택
영혼의 고단함은 정녕 알지 못하는가.
시는 영혼의 거처 시 쓰는 자 그 파수꾼.

『시와시학』 2005년 여름

지진

지구는 습진으로 피부가 짓물었다.
농경이다. 개발이다. 파헤치는 산과 들,
가려움 참을 수 없어 지친몸을 뒤튼다.

따끔따끔 쏘는 빈대, 사정 없이 무는 벼룩,
혈관에서 뽑는 석유, 살속에서 캐는 석탄,
괴로움 참을 수 없어 팔다리를 비튼다.

『시현실』 2005년 여름

번갯불

찬란하게 빗금 긋는 밤하늘의 유성 하나
수풀 속 어디엔가 또르르 숨고 없다.
서둘러 라이터 켜들고 찾는 이는 그 누구.

환하게 솟아올라 은화처럼 비치는 달
호수의 어디엔가 첨벙대며 가랐았다.
화들짝 성냥불 밝혀 찾는 이는 또 누구.

『유심』 2005년 가을

독주(毒酒)

향기롭다 하지 마라, 혀끝에 어리는 맛.
지하에 갇혀서 산 수 십년이 억울하다.
아무나 복수하고픈 내 마음이 무섭다.

원한을 가진 자는 마음 먼저 병이 든다.
자꾸자꾸 잔 권해서 육신까지 황폐시켜
어둠 속 오랜 음모를 오늘에야 실천한다.

『시현실』 2005년 여름

캔 맥주

긴 세월 수형(受刑)에서 석방된 민주투사
환호하는 대중 앞에 막 말문을 터트린다.
입술에 거품을 물며 쏟아내는 자유여!

『시현실』 2005년 여름

시계

이 아침 우리 집은 모두가 지각이다.
정확히 때를 알아 깨워주던 자명종이
밧테리 다 닳았음인가 소리 없이 죽은 탓.

인간의 가슴에도 시계하나 있는 건지
언제나 재깍재깍 시침 분침 돌고 있다
오늘도 그 박동(搏動)만 믿고 잠자리에 눕는다.

『열린시조』 2002년 봄

제 3부

정인(情人)

아침에 일찍 일어 울밑을 거닐자니
싱싱했던 영산홍이 오늘 따라 시들하다.
파리한 꽃 입술에는 이슬조차 맺혔다.

만나고 헤어짐은 인사(人事)만이 아닌 듯
너 역시 어젯밤에 정인(情人)을 보았으리
아마도 이별이 설워 눈물졌나 보구나.

『유심』 2003년 여름

강물 한 짐

아득한 하늘너머 나풀대는 치맛자락
비 한 짐 뿌려놓고 흰 구름이 흘러간다.
허공에 무지개 하나 걸어 노면 다더냐.

가물가물 지평선에 펄럭이는 소맷자락
강물 한 짐 부려놓고 빗줄기가 사라진다.
빈들에 물소리 한 바랑 풀어노면 다더냐

붙들면 뿌리치는 가까운 듯 먼 사람아
비구름 강물 되고 강물 또한 비되느니
너와 나 한 생이 또한 이와 같지 않더냐.

『시조월드』 2005년 하반기

유성(流星)

누군가 창문틀을 조심스레 두들긴다.
찾아온 손님인가 커튼을 걷어본다.
인적은 기미가 없고 찬바람만 휭 분다.

눈 들어 하늘 보니 찬란한 빛 한줄기
추위에 떨던 별이 마침 운명(殞命)하는 걸까.
외로운 유성하나가 내 품안에 잠든다.

『열린시학』 2003년 여름

신념

하이얀 눈밭에서 갈대 외로 울고 있다.
싸늘한 백지 위에 연필하나 떨고 있다.
빈 들녘 내 가슴에도 스산하게 바람분다.

갈대는 어찌하여 홀로 저리 울고 있나.
푸른 하늘 우르러기 저토록 외로운가
시절이 하수상해도 나 시만은 지키리라.

『시조시학』 2003년 봄

기다림

고드름 낙숫물 져 하마 봄이 올까하여
사립문 열어놓고 온 종일 기다려도
해 설핏 산 그림자만 여수다가 지나간다.

허전한 마음으로 방안에 들자하니
난초꽃 봉오리가 그 동안 벌어 있다.
질러서 먼저 온 봄이 나를 보고 반긴다.

『시조시학』 2003년 봄

연서

오랜만에 내외 동반 봄 쇼핑을 나가본다.
숙녀복 매장에는 옷들이 호사롭다.
아내는 부러운 눈으로 이것 저것 훔쳐본다.

난만히 피어 있는 지상의 수 많은 꽃
마음에 드는 것은 그 중에서 하나일 뿐,
아서라. 이꽃 저꽃을 꺾어 무엇하리오.

내 젊은 꽃밭에도 꽃들이 많았다오.
어떤 것은 색이 곱고, 어떤 것은 향이 맑고
그러나 눈에 들기는 당신밖에 없었오.

『열린시학』 2003년 여름

하직

잘 익은 능금 한 알 무심히 떨어지듯.
바다에 이른 강물 홀연히 사라지듯.
밤하늘 별똥별 하나 망연히 소멸하듯.

『유심』 2004년 가을

감응(感應)

돌 틈에 함초롬히 고개 내민 패랭이꽃
먼 하늘 별 하나가 눈 맞추어 꽃피웠다.
이 세상 그 어느 것도 관심 없인 제 아니다.

풀밭의 나비 하나 가냘픈 나랫짓에
먼 바다 수평선이 무지개를 휘감았다.
천지간 그 어느 것도 감동 없인 제 아니다.

『시조월드』 2005년 하반기

소식

비 오고, 날 개이고, 맑다가 안개 낀다.
주고 간 네 약속을 아니 믿지 않는다만
도화꽃 분분히 지니 불안쿠나. 어쩐지

네 소식 궁금하여 먼 산을 바라보니
심술궂은 안개비가 아득히 가렸구나.
꾀꼬리 울음 소리로 네 안부를 듣는다.

『열린시학』 2003년 여름

또 하루

담 너머 우체부가 편지 한 통 던지는 듯
그대의 소식인가 버선발로 나가보니
마당에 오동잎하나 스산하게 딩군다.

잠 못 든 여린 귀에 전화벨이 들리는 듯
그대의 목소린가 황망히 든 수화기
뒤뜰의 여치 한 마리가 처량하게 울어댄다.

『유심』 2004년 가을

섭리

산봉우리 높을수록 계곡은 골이 깊고
어둠이 짙을수록 새벽빛이 더욱 밝다.
사랑도 이와 같아라 미움 속에 뜨는 별.

겨울이 추울수록 새봄은 따뜻하고
가뭄이 심할수록 오는 비 생명수다.
희망도 이와 같아라 절망 속에 피는 꽃.

『표현』 2005년 여름

섬

외롭지 않은 것은 섬이라 할 수 없다.
망망한 바다 위에 저 홀로 깨어 있어
거친 물 성난 바람에도 제자리를 늘 지킨다.

멀리 있지 않은 것은 섬이라 할 수 없다.
수평선 아득하게 뭍으로만 귀를 열고
백년을 하루와 같이 해조음(海潮音)을 듣는다.

외롭지 않은 자는 시(詩)를 쓸 수 없으리.
멀리 있지 않는 자는 시를 쓸 수 없으리.
시인도 섬과 같아라 백지(白紙)에 뜬 갈매기.

『시와시학』 2005년 여름

시작 사우(詩作四友)

붓

몸에 밴 그 향기가 매화보다 서늘하다.
새침해 돌아설까 매양 저어하여
살포시 쓸어도 보고, 매만지고, 달래고

종이

신방(新房)의 새 금침(衾枕)이 이보다 순결할까
불끄고 자리드니 가슴 먼저 설레인다.
초야(初夜)의 혈흔(血痕)자국도 아름다운 꽃이다.

등

외로우면 등을 켜고 너에게 편지 쓴다.
흔들리는 불빛 새로 아련히 벙그는 꽃
석류 홍보석(紅寶石)같은 네 얼굴을 그린다.

사전(辭典)

떡 벌어진 어깨와 아늑하게 넓은 가슴
돌아보면 언제나 그 자리에 서 있구나,
세상사 어려울 때는 네 품에서 쉬고싶다.

『열린시학』 2003년 여름

고운 님
―이육사(李陸史)를 기리며

낮이 밤이 되고 밤이 낮이 되어
온 세상 어둠 속에 길을 잃고 헤매던 날,
고운 님 당신 혼자만이 새벽 별로 비추셨네.

태양은 식어가고 대지는 메말라서
산천 초목들이 시들어 쓸어질 때
크신 님 낙낙장송으로 백두대간 지키셨네.

당신이 가꾸시던 광야에 새날 오고
백마 탄 초인(超人)은 돌아와 집지을 제
그 용자 뵈올 길 없어 애달프고 설어라.

『시선』 2004년 가을

제 4부

바위

내설악(內雪嶽) 계곡아래 정좌한 바위 하나
새소리 화두(話頭) 삼아 선정(禪定)에 들었다만
천년이 하루같아도 깨달음이 없구나.

가부좌(跏趺坐) 깊은 명상 나쁠 것도 없다마는
집착에서 벗어나야 해탈에 이르는 것,
옳거니 네 잔등에 진 설악산(雪嶽山)을 버려라.

『열린시조』 2002년 봄

성찰(省察)

참하고 아름답다. 저 갯가의 도화(桃花)나무
흐르는 강물위에 자신을 비쳐보며
센 바람 무더위에도 제자리를 지켰다.

지난 봄 복사꽃이 분분히 흩날릴 땐
가지의 뽐내는 것 욕심 없이 버렸느니
이 여름 탐스런 열매가 서리서리 열렸구나.

스스로 비워야만 채워지는 그릇처럼
나를 없애야만 참 나를 만나는 법,
한 세상 사는 방편도 이와 다름없어라.

『열린시조』 2002년 봄

고난

소나무 푸르름은 눈밭에서 돋보이고
개울물 맑은 소리 여울에서 더욱 곱다,
인간의 참된 모습도 고난 속에 있는 것.

『열린시학』 2003년 여름

청죽(靑竹)

입추 지나 처서드니 하늬바람 드새진다.
뒷결의 대숲에서 울음소리 스산하다.
참대가 울고 있는가, 비바람이 우는가.

언제나 푸른 빛을 잃지 않는 그 자태에
내 너를 옆에 두고 우러러 봤다마는
아니다. 잔 바람에도 저리 징징 우느냐.

『유심』 2003년 여름

자유

자유로운 구름이란 듣기에 거짓같다.
높은 산 봉우리를 휘잡아 돌아보고
호수의 맑은 수면엔 그림자도 드리운다.

물 없는 세상에 어인 구름 일겠는가.
구름 없는 하늘에는 빗물도 바이 없다.
자유는 구름같아라 너와 내가 하나다.

『문학나무』 2003년 여름

원융무애(圓融無碍)

사계절 한결같은 소나무 절개 높고
철마다 고운 색깔 단풍잎 아름답다.
이 생에 옳고 그름이 그 무엇에 있겠느냐.

늘푸른 대나무도 바람불면 휘어지고
꼿꼿한 백화(白樺)나무 가을엔 낙엽 진다.
이 생에 참과 거짓이 또 어디에 있겠느냐.

『문학나무』 2003년 여름

칡넝쿨

무슨 원(怨)과 한(恨)이 많아 그리도 모질던가
뿌리부터 가지까지 칭칭 감은 칡넝쿨
저 푸른 낙낙장송(落落長松)을 숨통마저 조인다.

산색(山色)은 여전하고 땡볕 아직 뜨겁건만
지상으로 떨어지는 감나무 잎새 하나
온 세상 가을이 왔음을 불현듯이 일러준다.

이제는 옭아맨 줄 풀어줄 때 아니던가.
그만하면 너그럽게 용서할 때 아니던가.
죽음을 목전에 두고도 못 버리는 그 증오심.

『유심』 2004년 가을

고사목(枯死木)

내설악(內雪岳) 높은 봉의 가지 꺾인 소나무야,
푸른 기상 어디두고 고사목(枯死木)이 되었느냐.
아마도 이리되기는 낙뢰(落雷)맞은 탓이다.

위로 위로 치솟을 땐 세상이 우습더냐.
하늘이 무서운 줄 이제야 알았더냐.
더불어 가는 한 세상 분수지켜 살 일이다.

『유심』 2003년 여름

분수(分數)

내설악 벼랑 우에 허리 굽은 저 소나무,
계곡의 나무들은 키가 쑥쑥 큰다마는
하늘을 등짐 지려다 척추뼈를 다쳤구나.

외설악 산 정상에 가지 꺾인 저 소나무.
능선의 잡목들은 잎새가 울창타만
어깨로 하늘 매려다 두 팔목이 꺾였구나.

『불교문예』 2005년 여름

우열(優劣)

강변에 널브러진 수많은 돌, 자갈들
크고 작은 위세 삼아 자리 텃세하지 마라.
홍수로 밀려든 물엔 너와 내가 따로 없다.

은하에 반짝이는 무수한 까막별들
밝고 어둔 빛 밝기로 잘난 체 하지 마라
새 아침 부신 햇살엔 그 누구도 별 수 없다.

『불교문예』 2005년 여름

눈으로 가슴으로

난만히 핀 꽃들 속에 거미가 살고 있다.
아름다운 유혹에는 독이 항상 있는 법
눈으로 보았다 해서 다 진실이 아니다.

황홀한 빛을 좇아 날고 있던 저 흰나비
꽃밭에 몰래 쳐논 거미줄에 걸렸구나.
진리란 눈이 아니라 가슴으로 오는 것.

『불교문예』 2005년 여름

용서(容恕)

먼 하늘 노려보는 벼랑 끝 바위 하나
무슨 원과 한이 많아 이토록 굳었는가.
봄바람 산들 불어도 움찔하지 않는다.

단단한 돌멩이가 모두 보석 아닌 것을,
막무가낸 외고집이 모두 신념 아닌 것을,
바위의 금간 틈새에 피는 꽃은 알리라.

『시조월드』 2005년 하반기

결빙(結氷)

매서운 강추위엔 온 세상이 조각이다.
차디찬 증오 앞에 얼어붙는 몸과 마음
강물도 하늘이 버리면 울음조차 굳는다.

『유심』 2005년 가을

지천명(知天命)

보길도(甫吉島) 몽돌 해안 두리 몽실 둥근 몽돌
들고 나는 바닷물에 수억년 제 몸 맡겨
바위도 옥(玉) 될 수 있음을 그로 하여 알겠다.

짠물에 마음 삭여 비바람에 몸 다듬어
작은 물결 큰 파도에 모난 곳을 버렸나니
고와라 순리(順理)를 좇아 천명(天命)대로 사는 삶.

『시조시학』 2005년 여름

백담사 운(韻)

대청봉 높은 마루 떠도는 흰구름아,
집밖이 또 집인데 어디를 가잣더냐.
봄 산천 경전(經典)을 펼치니 아니 읽고 어이하랴.

내설악 깊은 골을 흐르는 맑은 물아,
절 밖이 또 절인데 굳이 간들 무엇하랴
봄계곡 돌 바위들의 게송(偈頌)이나 들어보렴.

『불교문예』 2002년 봄

석굴암(石窟庵) 석불(石佛)

누가 돌을 깨서 한 생(生)을 풀어놨나.
동그란 어깨선에 깍은 듯 고운 얼굴
반쯤 입술에 머금은 천년 미소 신비롭다.

지존(至尊)이라 하기에는 오히려 아름답고
미인(美人)이라 하기에는 너무나 고결하다.
떨리는 마음을 추스려 멀리 두고 봄이여.

미풍에 스칠라면 파르르 흩날릴 듯
비단 가사(袈裟) 얇은 천에 살풋 비친 속살이여
돌에도 더운 피 돌아 숨 쉬는 듯하구나.

『현대시』 2006년 7월

해설

시조와 환유적 생명고리

김용희
문학평론가 · 평택대 교수

 시조는 지금, 이곳 한국적 현실에서 어떤 방식으로 현실적 규정력을 가질 수 있는 것인가. 우리 전통적 문학양식으로 현재까지 유일하게 남아 있는 양식이라는 것이 시조가 갖는 존재적 명제가 될 수 있을까. 현대 시조는 근대문학태동 이후 서구 근대양식에 대항하여 고전적 조선적인 것을 회복하자는 근간을 지니고 있다. 최남선, 이병기, 조 운 등에 의해 현대적 의미의 시조 양식이 새롭게 제기된 것이 1926년이었으니 이때를 현대시조의 새로운 양식 체험기라 한다면 현대시조의 역사는 여기서부터 시작되었다 할 수 있겠다. 즉 시조는 가장 '조선적인' 문학양식으로 인식되면서 고시조를 계승,

현대시조로의 새로운 양식적 체험을 지니게 된 것이다.

그렇다면 가장 조선적인 것이란 무엇인가. 3장 6구나 4마디격 3행시라는 형식적 전제를 담고 있어야 한다는 양식적 특징이 조선적인 것을 담보하는 것인가. 일테면 정형시적 형식을 전제하는 것으로 현대시조는 전통적인 양식의 계승을 이루어냈다고 말할 수 있을 것인가 하는 문제 등이 여전히 의문들로 제기된다. 일반적으로 시조의 정형시적 형식을 결정하는 것은 유교적인 세계관이었다고 한다. 시조의 정형시적 형식 자체가 이미 사회집단의 계급적 의식과 주자학적 세계관을 담지한다는 사실, 3장 6구의 정적(靜的)인 형식이 시조에서 주자학적 세계관을 함축하면서 현실체제유지적인 철학관을 담보한다는 사실일 것이다. 정형시적 형식이 계급집단의 '의식'을 담지할 때 그 형식적 의미를 지닌다고 추정해 본다면 현대시조는 어떤 상고주의의 형식으로 전통적 정체성을 이어가는 것은 아닌가 하는, 시조의 정형시적 형식 자체가 체제유지적 세계관을 함축한다면 개인적 자율성과 부정의식을 기반으로 하는 현대성과는 어떻게 충돌하고 접맥될 수 있을 것인가 하는 문제, 현대시조가 시적 개성과 개인적 자율성을 시도함으로써 현대적 서정을 드러내려 한다면 그것은 현대적 시적 개성에 시조의 표면적 형식을 덧입힌 것은 아닌가 하는 생각, 시조가 한국적인 것 조선적인 것을 대표하는 신민족주의의 방식으로 호명될 때 시조의 정형시에 장치된 소리와 이미지와 통사의 정교한 조직은 세계문학으로 번역되어 나아가는 데서 한국식으로 온전히 읽히고 향수될 수 있을 것인가 하는 문제(물론 이것은 비단 시조만의 문제는 아니다. 기표우위에 있는 '시'라는 특수한 양식, 번역 불가능한 장르가 가지는 운명적 한계이자 특징이기도 하다) 등을 추론해 볼 수 있다.

그렇다면 현대시조는 어떻게 고전의 전통성을 계승하고 변용해나갈 것인가. 네 마디 3행시를 벗어나 율격과 호흡을 시인의 시적 개성으로 완성시키는 것, 현대시와 시조의 고전성 사이의 긴장을 독특한 시학으로 완성시키는 것. 이러한 것이 현대시조가 함축하는 과제일 것이다. 보편적 질서와 개인적 질서가 상호교섭하는 것, 통시적 형식 체험과 자유 개성적 호흡을 결합하는 일, 그런 점에서 현대시조는 가장 전통적이면서도 전통적인 것을 어떻게 변용, 변주해 나아갈 것인가 하는 문제, 형식 속에서 형식을 파괴하는 일, 양식을 파괴하면서 양식을 재구축해야 하는 역설적 과제 속에 놓여 있는 셈이다.

오세영 시인은 한국 시단에서 오랫동안 서정시학의 길을 걸어오면서 존재론적 성찰과 인식을 첨예하게 보여준 시인이다. 시인이 시조 양식의 시편들을 내놓게 된 것은 한국적 전통성과 양식에 대한 집중된 관심 때문이다. 시인은 시조양식을 통해 현대시조의 다양한 형식들을 실험하고자 한다. 시적 개성을 통해 시조양식에서 새로운 창조성을 보편적 세계로 이끌고자 하는 것이다.

우선 그의 시조는 시조양식에 하이쿠와 같은 착상을 시도하고 있다. 순간적 시적 메타포가 삶에서의 절묘한 지점을 타진하면서 생의 여운으로 남는다.

찬란하게 빗금 긋는 밤하늘의 유성 하나
수풀 속 어디엔가 또르르 숨고 없다.
서둘러 라이터 켜들고 찾는 이는 그 누구.

환하게 솟아올라 은화처럼 비치는 달
호수의 어디엔가 첨벙대며 가랐았다.
화들짝 성냥불 밝혀 찾는 이는 또 누구.

―「번갯불」 전문

밤하늘 유성 하나가 구슬처럼 수풀 속으로 또르르 구르자 번갯불은 문득 수풀에 숨겨진 별 하나를 찾는 라이터 불빛이 된다. 환하게 비치던 달이 호수로 첨벙 떨어지자 번갯불은 한 줄기의 불빛으로 숨겨진 호수 속 달을 찾는 사람이 된다. 순간적 착지처럼 지상에 떨어지는 번갯불의 순간점화는 어둠 속에서 불현듯 솟아나는 인식의 촉각일 수도 있다. 밤하늘 천상의 것들이 지상으로 또르르 구르거나 첨벙 떨어지는 것도 흥미로운 지점

이거니와 시인은 하늘에서 다시금 그 천상의 것들을 찾는 수색자의 불빛을 준비하고 있었던 것이다. 번갯불의 불빛을 이와 같은 '화들짝' 혹은 '서둘러' 나타나는 그 누군가의 불빛으로 은유하는 그 비유가 새롭다. 시인은 천상과 지상과 그 누군가(사람)를 연결지으며 어둠 속에서 시적 메타포를 순간적으로 점화한다. 어둠 속에 그 누구는 숨겨진 채 찰나적 불빛으로 지상에 도착한다. 시인은 이 순간의 포착으로 빛과 어둠의 풍경을 짧은 단형적 형식 속에 개화시키고 있는 것이다.

    모락모락 구름 속에 풀무질이 요란하다.
    대장간 망치소리 벌겋게 단 시우쇠
    찬물에 당금질 끝나자 하늘 고운 무지개.

                                    -「뇌우(雷雨)」전문

어쩌면 시조 양식이 가지는 정형형식의 절제와 품위는 빛과 어둠이 갖는 변증법적 교호를 드러내기에 적합한지 모른다. 오세영 시인은 빛과 어둠이 서로 번쩍하면서 몸을 바꾸고 다시 몸을 섞는 풍경의 소실점 속에서 생과 만나는 그 접지를 찾고 있는지도 모른다. 천상의 뇌우는 지상의 대장쟁이의 망치소리로 비유된다. 지상의 당금질은 하늘로 올라가 풀무소리를 요란하게 내고 낙뢰를 준비한다. 천지간이 만나고 있다.

오세영 시조는 천상과 지상 풍경을 매개 없이 중첩한다. 직접적으로 유비하는 것으로 순간적 메타포적 현실을 구축한다 할 수 있다.

> 거미가 실을 뽑아 허공에 줄을 치듯
> 볼펜의 잉크 실로 백지에 금 긋나니
> 시 쓰기 집 짓는 일과 그 무엇이 다르랴.
>
> 육신의 안락만을 탐하는 고급주택
> 영혼의 고단함은 정녕 알지 못하는가.
> 시는 영혼의 거처 시인은 그 파수꾼.
>
> ―「영혼의 거처」 전문

모든 언어는 허방에 집을 짓는 것같이 존재와 비존재의 경계 속에 놓여 있다. 허공에 집을 짓는 거미처럼 빈 백지 위에 금을 긋고 상상력의 망사층을 만들어나간다. 거미는 지상과 천상도 아닌 허방 그 자체를 자신의 길로 상정하기에 세속을 떠났으되 여전히 세상 위에 그물을 치는 저 역설적 몽상가의 캐릭터를 나누어 가진다. 거미가 쳐놓은 그물에 다만 바람, 아니 간혹 달빛이 몸을 쉬거나 지나칠 수도 있지만 머무를 수는 없는 법. 시인의 언어도 이와 같아 다만 언어 다성적인 그물 속에서 사물의 존재적 울림을 메아리처럼 담아내려 할 뿐인 것이다.

시인에게 영혼의 거처는 허공에 있었으니 오세영 시인은 이 영혼의 남루한 거처를 자신의 집이라 여긴다.

오세영 시조는 두 개의 세계를 유비적으로 중첩하고 그 안에서 생의 깊은 통찰과 존재적 물음을 던지고 있다. 이는 대상과 주체의 서정적 통합을 통해 시조양식에서의 동일성의 세계, 만상을 자기화하는 은유적 서정의 세계를 드러낸다. 사물을 주체로 포섭하는 동일성의 논리는 시조양식에서의 대구, 반복과 중첩에서 더욱 그 이데올로기의 힘이 강화될 수 있다. 그러나 오세영 시조는 손쉬운 순응성과 동일성의 회유를 조금 비켜가기도 한다. 사물들 간의 유현과 상상력의 진폭을 좀더 넓게 확보하여 동일성으로 모든 것을 포섭하는 주체의 지배적 담론을 저지하기도 한다.

> 하루도 거름 없는 꽃들의 일간 신문
> 오늘 자 조간에는 무슨 소식 실려 있나.
> 초여름 몰아쳐 오는 남해안의 강우전선.
>
> 쌀쌀한 날씨에도 배달임무 성실쿠나
> 호외인 듯 팔랑팔랑 나비 떼가 날라든다.
> 늦가을 예상치 못한 시베리아 눈보라.
>
> ―「나비」 전문

일상적 문자의 세계는 꽃과 나비의 세계와 중첩된다. 조간 신문에 가득 찬 꽃들, 글씨는 팔랑팔랑 나비 떼를 불러들인다. 신문의 글씨는 꽃으로, 소식전달은 나비로 비유되는 듯하지만 단순한 은유적 관계의 설정을 넘어서 두 세계 사이는 증폭되면서 변주되는 이미지의 넘침을 보여준다. 신문 글씨가 꽃으로 비유되어 나아간 것 같기도 하고 꽃이 일간 신문으로 비유되어 나아간 것 같기도 하다. 꽃들은 쌀쌀한 날씨를 예고하면서 시베리아 눈보라처럼 나비 떼를 불러온다. 꽃은 이 계절의 시간과 날씨를 전해주는 일간신문 같다. 즉 신문이 꽃으로 전이되기도 하고 꽃이 스스로 조간신문으로 전이되기도 한다. 비유 운동의 진행 방향이 서로 이중적으로 읽혀지면서 시적 상상력의 폭이 넓어진다. 꽃과 신문의 중첩은 동(動)과 부동(不動)을, 인공과 자연의 중첩을 유도하면서 시공의 이미지를 확대해 나아간다.

시조는 궁극적으로 천상과 지상의 거리를 잇고 자아를 상승시키는 천지인의 감응에 기대고 있는 것이다. 오세영 시조에서 상호소통의 공간 이미지가 신체적 상상력을 지니면서 이미지를 연결하고 주체와 대상의 경계를 지워가는 것은 당연한 지향이다("향기롭다 하지 마라 혀끝에 어리는 맛 / 지하에 갇혀 산 수 십년이 억울하다. / 아무나 복수하고픈 내 마음이 무섭다. // 원한을 가진 자는 마음 먼저 병이 든다. / 자꾸자꾸 잔 권해서 육신까지 황폐시켜 / 어둠 속 오랜 음모를 오늘에야 실천한다."
(「독주(毒酒)」). 시조 「독주(毒酒)」에서 어둠 속에 갇혀 있던 더운 액체는 분노를 삭히다 어느새 '뱃속'으로 들어가 신생의 삶을 산다. 원한은 또 다른 삶의 방식이었으니 적대적인 마음으로 대상과 일체가 되는 삶도 또 다르게 생을 실천하는 한 방식이다.

하여 세계만물과의 일체감은 사물 모두가 제각각의 무한성으로 순환 운동의 긴장 속에 놓여 있다.

돌 틈에 함초롬히 고개 내민 패랭이꽃
먼 하늘 별 하나가 눈 맞추어 꽃피웠다.
이 세상 그 어느 것도 관심 없인 제 아니다.

풀밭의 나비 하나 가냘픈 나랫짓에
먼 바다 수평선이 무지개를 휘감았다.
천지간 그 어느 것도 감동 없인 제 아니다.

—「감응(感應)」 전문

돌 틈에 핀 하잘것없는 패랭이꽃도 먼 천상의 별과 눈 맞추다 꽃을 피웠다. 풀밭 나비의 가냘픈 날갯짓에 바다의 수평선이 무지개를 띄웠다. 지극히 작고 사소한 것들도 이 광활한 세상의 운명들과 만나고 있고 눈짓과 날갯짓 속에서 생명의 원리와 유대의 공명을 이루고 있다는 사실. 나비와 꽃들의 움직임은 단순한 자기발생적인 것이 아니라 천지간의 것들과의 조응 속에서 존재의 감동을 성취해나간다는 것. 오세영 시조는 물상에 깃들어 있는 이 생명의 희미한 무늬들을 찾아내고 천지간의 거대한 사이클 속에서 세상의 생명 법칙의 의미들을 판독해 내려 한다. 시조의 세계는 거대한 순환의 회로 속에서 생명의 길을 발견하고 살아있는 유기체들간의 공명을 찾고자 하는 데로 나아가고자 한다.

> 대청봉 높은 마루 떠도는 흰구름아,
> 집밖이 또 집인데 어디를 가잣더냐.
> 봄 산 경전(經典)을 펼치니 아니 읽고 어이하랴.
>
> 내설악 깊은 골을 흐르는 맑은 물아,
> 절 밖이 또 절인데 굳이 간들 무엇하랴
> 봄계곡 돌 바위들의 게송(偈頌)이나 들어보렴.
> ―「백담사 운(韻)」 전문

백담사 흰 구름이 떠돌며 흘러가도 집 안과 집 밖의 경계가 이미 없지 않은가. 내설악 깊은 골 흐르는 물도 흘러간들 절 밖과 절 안이 무엇이 다르겠는가. 만물은 흘러 또 다른 세월의 순간들로 나아가지만 이곳의 생은 저곳의 생과 연결되고 나의 생은 너의 생을 대신하는 것이니 다만 이 모든 것들은 불경의 경전들로 이루어진 세상의 설법이 아니겠는가. 흰구름의 행로도, 계곡 맑은 물의 행보도 모두 저 무위자연의 섭리 속으로 흘러가고 불도의 세계속에서 가르침을 듣는 불제자의 모습인 것이다.

오세영 시조는 유가적 주자학적 세계관을 담고 있는 고전 전통시조의 정형성 속에서 메타포적 이미지의 겹침을 통해 생의 찰나적 통찰을 제시하기도 하고 시와 영혼에 대한 존재론적 시선과 진지함을 지니기도 한다. 궁극적으로 오세영 시조가 향하는 것은 세상의 세세한 조각들 속에서 우주만물의 적극적 조응을 찾아내고 일체감을 찾고자 하는 데 있었으니 모든 생명 있는 것이 거대한 띠로 연결되면서 감응하는 정신적 환유의 세계 속에 놓여 있다는 것을 시인은 보여준다. 그러니까 주체와 대상의 거대한 포섭이라는 동일성의 시조세계는 오세영 시조에서 은유와 동시에 환유적 고리를 보여주고 있다. 생명이 생명과 연결되고 서로가 서로의 몸과 정신을 나누어가짐으로써 조응을 이룬다는 생태시학, 서정시학의 세계를 보여준다는 사실. 그런 점에서 정형형식으로서의 시조는 오세영 시조에서 보편적 질서와 개인적 개성을 창조적으로 융화하면서 주관적 서정과 보편적 공감을 결합한다.

이제 한국 현대시조는 정형적 형식 속에서 사물 존재

의 찰나적 포착과 묘사를 보여주거나 천지만물 조응을 통해 서정동일성의 세계를 보여주는 듯하다. 이것은 파편적이고 추상적 요설과 장광설로 나아가는 현대적인 분열증에 대한 양식적 대응이라 할 만하다. 시조 양식의 절제과 정형적 규칙성은 보편적 공감과 서정적 주체의 질서를 조화해내면서 천지인의 동일성을 회복한다. 시조 3행의 안정성과 천지인의 조화는 이 생명과 저 생명의 결합을 나타내며 앞의 생명이 뒤의 생명의 모태가 되고 순환되는 저 생명의 연쇄고리를 정형적 형식으로 완성한다. 현대시조는 생명의 환유성을 만들어내면서 거대한 사이클로서 우주적 호흡을 복원하고 있다.

오세영 연보

1942년　5월 2일 해주(海州) 오씨(吳氏) 병성(炳成)을 아버지로, 울산(蔚山) 김씨(金氏) 경남(璟男)을 어머니로 하여 전남(全南) 영광(靈光) 묘량면 삼효리 석전 68번지]에서 무녀독남(無女獨男) 유복자로 출생했으나 백일이 지난 뒤부터 외가에서 성장함. 외가(外家)의 중시조를 배향한 장성(長城) 황룡면(신호리 소래)의 필암서원(筆巖書院) 근처에서 유년시절을 보냄. 이후 광주(光州 1951-52), 전주(全州 1953-60) 등지에서 청소년기를 보냄. 선비적 동경은 외가의 법도에서, 예술적 동경은 고독했던 환경에서 길러진 것이라고 생각함.

1960년　전주 신흥(新興)고등학교 졸업. 한국 전쟁으로 집안이 몰락해 진학을 포기하고 방랑.

1961년　서울대학교 문리과 대학 국문학과 입학. 모교 은사들의 성금으로 등록.

1965년　서울대학교 문리과 대학 국문학과 졸업. 전주 기전(紀全)여자고등학교 국어교사로 부임. 4월 박목월(朴木月) 선생에 의해서 『현대문학』지의 초회 추천을 받음. 추천작은 「새벽」.

1967년　기전여자고등학교 사임. 서울 보성(保聖)여자고등학교 교사 부임.

1968년   1월 『현대문학』지에 추천이 완료됨. 추천작은 「잠깨는 추상(抽象)」 외 1편. 3월 서울대학교 대학원 석사과정 국문과 입학.

1970년   심장판막증으로 오랫동안 고생하시던 모친 사망. 처녀 시집 『반란하는 빛』(서울: 현대시학사, 1970) 출간.

1971년   서울대학교 대학원 국문학과 석사과정 졸업. 문학 석사. 서울대학교 문리과대학 무급 조교 발령. 가을에 임 보, 김춘석, 이건청, 신대철, 조정권, 이시영 등과 동인지 『육시(六時)』를 간행하였으나 2회 발간 뒤 본인과 이건청의 『현대시(現代詩)』 동인의 참여로 해체됨. 12월 전주(全州) 이씨(李氏) 봉주(鳳柱)와 결혼.

1972년   그 전부터 우의를 나누고 있었으나 동인지 『현대시(現代詩)』 25집부터 정식으로 현대시 동인에 참여함. 서울대 조교를 사직하고 인하(仁荷)대학교와 단국(檀國)대학교 등에서 시간강사로 전전.

1973년   첫딸 하린(夏潾) 출생. 6월부터 8개월간 방위병으로 군복무.

1974년   충남(忠南)대학교 문리과 대학 전임강사 부임. 서울대학교 대학원 국문학과 박사과정 입학.

1975년   둘째 딸 지혜(智惠) 출생.

1980년   서울대학교에서 문학박사 학위 취득. 아들 홍석(烘錫) 출생. 학술저서 『한국낭만주의시 연구』(서울: 일지사, 1980) 간행.

1981년   충남대학교 문과대학 부교수를 사임하고 단국대학교 문리과대학 부교수로 취임. 대전시 오류동에서 서울시 관악구 봉천4동 1561-1로 이사.

1982년   제 2시집 『가장 어두운 날 저녁에』(서울: 문학사상사, 1982) 출간. 아시아시인회의 창립총회 참여(자유중국 타이페이에서).

1983년   시집 『가장 어두운 날 저녁에』로 제 15회 시인협회상을 수상. 시론집 『서정적 진실』(서울: 민족문화사, 1983) 상재. 평론집 『현대시와 실천비평』(서울: 이우(二友)출판사, 1983) 상재.

1984년   『현대시와 실천비평』으로 제4회 녹원(綠園)문학상 평론부분 수상.

1985년   단국대학교 문리과대학 부교수를 사직하고 서울대학교 인문대학 국문학과 조교수로 부임. 첫 번째 선시집 『모순의 흙』(서울: 고려원(高麗苑), 1985) 상재.

1986년   제 3시집 『무명연시(無明戀詩)』(서울: 전예원(典藝苑), 1986) 상재.

1987년   문학사상(文學思想)사 제정 제1회 소월시문학상 수상. 미국 아이오아(Iowa) 대학의 국제 창작프로그램(International Writing Program)에 참여.

1988년   제 4시집 『불타는 물』(서울: 문학사상사, 1988) 상재. 평론집 『한국현대시의 행방』(서울: 종로서적, 1988) 상재. 학술서 『문학연구방법론』(서울: 이우(二友) 출판사, 1988), 시론집 『말의 시선』(서울: 혜진서관, 1988) 상재.

1989년   학술서 『20세기 한국시 연구』(서울: 새문사, 1989) 상재. 첫 수필집 『사랑에 지친 사람아 미움에 지친 사람아』(서울: 자유문학사, 1989) 간행. 서울시 서초구 방배동 541-196으로 이사.

1990년   제 5시집 『사랑의 저쪽』(서울: 미학사(美學社), 1990) 상재.

1991년　제 6시집『꽃들은 별을 우러르며 산다』(서울: 시와 시학사, 1990) 상재. 두 번째 선시집『신(神)의 하늘에도 어둠은 있다』(서울: 미래사, 1991) 상재. 평론집『상상력과 논리』(서울: 민음사(民音社), 1991) 상재. 유고 공화국 마케도니아 스트루가 문학축제에 참여하여 시 낭독과 세미나에 참여. 세미나에서는 프랑스 비평가 앙리 메쇼닉 등과 함께「현대 서구문명의 위기와 동아시아 문화」라는 주제의 논문을 발표.

1992년　제4회 정지용문학상 수상. 제2회 편운문학상 평론부분 수상.

1993년　『문학연구방법론』을 시와 시학사에서 증보 복간. 국어국문학회 이사.

1994년　제 7시집『어리석은 헤겔』(서울: 고려원(高麗苑), 1994) 상재. 제 8시집『눈물에 어리는 하늘 그림자』(서울: 현대문학사(現代文學社) 1994) 상재.『꽃들은 별을 우러르며 산다』가 일본의 여류 시인 鍋倉ますみ여사의 번역으로 도오쿄오 자양사 (紫陽社)에서 출간됨. 뉴욕 주립대학교 스토니 부룩 캠퍼스 한국학 센터 간행의 한국학 총서 문학편『한국문학 강의』저술에 참여. 서울대학교 인문대학 정교수 승진. 서울 정도 600주년 기념 '자랑스러운 서울 시민' 추대.

1995년　전예원에서 출간했으나 출판사의 도산으로 사장되었던 제 3시집『무명연시』를 현대문학사(現代文學社)에서 복간함. 일년간 미국 켈리포니아 주립대학교 버클리 캠퍼스(U. C. Berkeley) 동아시아어과에서 한국 현대문학을 강의. 동아시아어과 한국학센터 주최 랭카스터 교수의 사

회로 시 낭독회 개최.
1996년   평론집 『변혁기의 한국 현대시』(서울: 새미, 1996) 상재. 학술서 『한국근대문학론과 근대시』(서울: 민음사, 1996) 상재. 동아일보사 일민재단(一民財團) 제정 제2회 일민펠로우쉽 수상, 익년 1월 두 달간 중동 및 아프리카 여행.
1997년   세 번째 선시집 『너 없음으로』(서울: 좋은 날, 1997) 상재. 제 9시집 『아메리카시편』(서울: 문학동네, 1997) 상재. 처녀시집 『반란하는 빛』도 같은 출판사에서 복간함. 원래 종렬로 조판했던 시집을 횡렬로 조판하자니 작품량이 부족해서 제 2시집의 일부 작품을 추가함. 옥타비오 파즈(Octavio Paz)의 추천으로 그의 출판사인 멕시코의 귀향(Vuelta)사에서 스페인어 번역시집 『신의 하늘에도 어둠은 있다』(Oh, Saeyoung. *El Cielo de Dios También Tiene Oscuridaad*, Traducción Joung, Kwon Tae, Raúl Aceves. México, D,F.: Vuelta, S. A. de C. V. 1997)가 출간됨. 과달라하라 멕시코 북페어에서 과달라하라대학교 문학연구소 주최로 출판 기념회 개최. 옥타비오 파즈의 추천으로 그 자신이 주간인, 스페인어권의 대표적인 문학계간지 『귀향』(Vuelta)지에 특집으로 작품이 소개됨. 방배동의 구옥을 허물고 집을 신축함.
1998년   9월 『한국현대시 분석적 읽기』(서울: 고대출판부, 1998) 간행.
1999년   3월 『먼 그대』라는 제목의 시선집이 독일어로 번역 출간됨(Oh, Sae-Young. *Das ferne Du*.) (Trans, W. S. Roske Cho. Göttingen: Peperkorn, 1999). 4월 제 10시집 『벼랑의 꿈』 (서울: 시와 시학사, 1999) 출간, 6월 제7회 공초(空超) 문

	학상 수상. 6월 한국시학회 제2대 회장 취임.
2000년	5월, 두 번째 수필집 『꽃잎우표』(서울: 해냄 출판사, 2000) 발간, 8월 제3회 만해상 문학부문 대상 수상 7월『유치환』(서울: 건국대학교출판부, 2000), 『김소월, 그 삶과 문학』(서울: 서울대학교 출판부, 2000) 출간, 12월 시집 『무명연시』와 『사랑의 저쪽』이 독일에서 번역 출간(Oh, Saeyoung. *Liebesgedichte eines Unwissenden*. Trans. Roske Cho. Göttingen: Peperkorn, 2000, Oh, Sae-young *Gedichte jenseits der Liebe*. Roske Cho. Göttingen: Peperkorn, 2000).
2001년	12월 제 11시집『적멸의 불빛』(서울: 문학사상사, 2001), 비평서『20세기 한국시의 표정』(서울: 새미출판사, 2001) 간행.
2002년	5월 어머니 고(故) 김경남 여사에게 백산(白山) 장한 어머니 상 추서, 네 번째 시선집『잠들지 못하는 건 사랑이다』(서울: 책만드는 집, 2002) 출간. 6월 시론집『시의 길, 시인의 길 』(서울: 시와 시학사, 2002) 간행. 6월 서울대학교 국문과 지도학생들이 회갑기념으로 『오세영의 시, 깊이와 넓이』(서울: 국학자료원, 2002)를 간행하여 헌정함.
2003년	『한국현대시인연구』(서울: 월인출판사, 2003), 『문학과 그 이해』(서울: 국학자료원, 2003). 다섯 번째 시선집『하늘의 시』(서울: 황금북, 2003), 세 번째 수필집『왈패 이야기』(서울: 화남 2003) 간행. 스페인어 번역시집(『사랑의 저쪽』『벼랑의 꿈』)이 스페인과 멕시코에서 각각 출간됨. Oh, Sae-young. *Sueños del barranco*. Traducción Kim Changmin. Madrid: Verbum, 2003, Oh, Saeyoung. *Más Aallá del Amor*. Tradu-

cción Joung, Kwon Tae, Raúl Aceves. México, D, F.: Editorial Aldus, S. A. 2003. 9월 1일부터 6개월간 체코 프라하대학 (챨스대학) 동아시문학부 한국학과 초청교수.

2004년　한국현대시 선집 『생이 빛나는 아침』(서울: 문학과 경계, 2004), 제 12시집 『봄은 전쟁처럼』(서울: 세계사, 2004) 간행. 서울대학교 한국문학 연구소 소장.

2005년　영어 번역시집이 미국에서 출간됨. Oh, Sae-Young. *Flowers Long for Stars*(꽃들은 별을 우러르며 산다). Trans. Clare You & Richard Silberg. Cambridge: Tamal Vista Publications, 2005. 학술서 『20세기 한국시인론』(서울: 월인출판사, 2005), 비평서 『우상의 눈물』(서울: 문학동네, 2005), 제 13시집 『시간의 쪽배』(서울: 민음사, 2005), 제 14시집 『꽃피는 처녀들의 그늘 아래서』(서울, 아침고요, 2005) 출간. 8월 11일-15일 만해사상실천 선양회 주최로 서울 신라호텔에서 열린 세계평화시인대회(International Poetry Festival for World Peace)에서 프랑스의 쟝 미셸 몰프와(Jean-Michel Maulpoix), 노벨수상시인 울레 소잉카(Wole Soyinka), 미국 계관시인 로버트 핀스키(Robert Pinsky) 등과 함께 「평화와 화해로서의 시의 기능(The Function of Poetry as Maker of Peace and Reconciliation)」이란 제목으로 주제 발표. 스페인 살라망카 대학의 Alfredo Pérez Alencart와 Pedro Salvado 교수가 편집한 세계대표시인 시화집 『*Os Rumos do Vento los Rumbos del Vieto*에 *Cancion del Viento*(「바람의 노래」)』가 수록. 이 시집은 특히 본인 자필의 한글 시원고가 안표지를 장식하고 있음.

2006년　1월 21일 버클리대 예술박물관에서 버클리대 동아시아어과 주최의 「태평양은 말하라(Speak Pacific)-백년의 한국현대시」 시축제에서 로버트 핫스(Robert Hass), 잭 로고우(Zack Rogow), 브렌다 힐먼(Brenda Hillman), 제롬 로텐버그(Jerome Rothenberg), 리챠드 실버그(Richard Silberg), 죠지 라코프(George Lakoff) 등 미국 대표시인들과 함께 시 낭독. 여섯 번째 시선집(시화집)『바이러스로 침투하는 봄』(서울: 랜덤하우스 중앙, 2006), 제 15시집『문 열어라 하늘아』(서울: 서정시학, 2006) 출간. 랜덤하우스 중앙과「문학과 문화를 사랑하는 모임」 초청으로 3월 1일부터 일주일간 서울 인사동 인사아트센터 5층 화실에서 동명의 화가 오세영(吳世英)과 함께 시화전「현대문명 비판시화전-바이러스로 침투하는 봄 문학 그림전」 개최. 제 35대 한국시인협회회장. 일곱 번째 시선집『한국대표시인101인 선집 오세영』(서울: 문학사상, 2006) 상재.

참고문헌

유성호, 「철학과 서정을 통합을 통한 존재탐구의 세계」, 『시현실』 15호, 2002년 가을.
권정우, 「우리 시대 시조 쓰기」, 『유심』 2003년 6월 여름.
정효구, 「존재의 한계를 넘어서려는 꿈」, 『유심』 2003년 6월 여름.
장경렬, 「선비의 격조와 풍미」, 『문학나무』 2003년 여름 제 9호.
김용희, 「시조와 환유적 생명고리」, 『유심』 2005년 가을.